AF340096

COUP-D'OEIL

POLITIQUE

SUR

LA SITUATION ACTUELLE

de la France,

Par M. D........

CHARTE et JUSTICE, notre bien-être est là.

VALENCIENNES,
IMP. DE A. PRIGNET, RUE DE LA NOUVELLE-HOLLANDE.
1829.

PRÉFACE.

———•◆•———

Iʟ n'est si petit ouvrage qui n'ait sa préface. Le mien en aura donc une; mais que le lecteur se rassure; celle-ci sera courte.

Plus heureux que beaucoup d'écrivains politiques, je n'aurai pas, Dieu merci, à demander pardon au public de mes opinions d'autrefois. On ne dira pas que je fus partisan de la république ou de l'empire; né à peine quand l'une vint au monde, je n'avais guère que vingt ans quand l'autre mourut. Or, à vingt ans, on n'a point de principes politiques.

Cette brochure est la première que je publie. Si on me demande pourquoi je la publie, je répondrai : ce n'est ni pour flatter un parti quelconque, ni pour nourrir des ressentimens, ni pour réveiller de tristes souvenirs, ni pour calomnier, ni pour faire du scandale. Certaines gens ne m'entendront pas.

On me dira que le soin d'écrire sur les affaires du gouvernement doit être laissé à de plus habiles. A la bonne heure ; cependant, quand on est fort de ses inténtions et que l'on a pour but le bien-être de son pays, il est, je pense, permis de prendre la plume sans avoir un nom, une réputation acquise, de la célébrité, des titres. Personne n'a la mission exclusive et spéciale de chercher à faire tout le bien possible ; c'est une faculté accordée à chacun et dont chacun même doit user. Pour ma part, je serai satisfait si je puis concourir un peu à l'affermissement de la monarchie constitutionnelle et de l'ordre légal où nous sommes heureusement entrés.

COUP-D'OEIL POLITIQUE

SUR

LA SITUATION ACTUELLE

De la France.

Il n'y a guère plus de quinze mois que le ministère-Villèle exerçait encore sur nous son pouvoir. Il pressentait alors sa fin prochaine; fidèle toutefois jusqu'à la mort à son système d'abrutissement moral, marchant toujours en arrière, il souriait toujours à l'idée de voir le peuple le plus civilisé du monde ramené à la barbarie du moyen âge ; il rêvait ce *bon plaisir* d'autrefois uni au despotisme moderne de l'empire ; car ennemi de Napoléon , il en adoptait volontiers les maximes; mais il faisait de l'absolutisme à sa taille : un nain ne saurait atteindre à la tyrannie d'un géant.

Depuis longtemps la France repoussait de toute la force de sa haine ce pouvoir anti-français ; elle rejettait avec mépris ses lois déplorables : le droit d'ainesse, source d'inimitiés dans les familles, outrage fait à la nature, à la Charte et au bon sens ; la loi du sacrilège, hommage rendu par l'hypocrisie à la religion ; la censure, fille perdue qu'un reste de pudeur écartait du grand jour. La France ne voulait plus de cette police honteusement secrète qui, d'un bout du pays à l'autre, poursuivait de son inquisition tous les hommes prévenus d'aimer la Charte ; elle ne voulait plus de ces ministres qui frappaient d'une destitution brutale deux académiciens aussi purs dans leurs principes que dans leurs écrits ; qui punissaient des fers du galérien les fautes de l'écrivain politique ; qui soldaient des gazetiers pour jeter le venin de la calomnie sur tout ce que le caractère avait de noble, le talent d'élevé, la vieillesse de raison. On se disait : *Ah ! si le Roi le savait !*....... Le Roi le sut. La vérité, longtemps écartée de son palais, se fit jour jusqu'à lui : il l'entendit. Une ordonnance parut, le pouvoir fut remis à des hommes éclairés, connaissant nos mœurs, nos besoins, amis sincères de nos institutions, et dont le caractère offrait de bonnes garanties.

Les élections récentes avaient assez fait voir quel était l'esprit de cette France calomniée par ceux qui auraient voulu la mettre en servage ; ce qu'elle demandait, on ne l'ignorait pas : c'était la Charte selon le bon sens, c'était un régime légal, c'était enfin ce qu'elle n'avait pas. L'ancien minstère fut bien trompé à la fin de sa carrière, lorsqu'il fit un appel aux collèges électoraux ; il espérait des députés à son usage, un nouveau règne septennal de boules qui lui assurât à lui sa septennalité d'arbitraire. Eh bien ! voyez ce qu'il obtint !..... Avec ses agens si zélés, si soumis, ses honnêtes courtiers de votes, ses acheteurs de consciences, ses prometteurs de cordons, de places, d'honneurs ; en dépit des commis-voyageurs de la fraude, des dîners municipaux et départementaux, des circulaires où l'on faisait une loi de l'esclavage, une chose morale de la servilité ; en dépit de toutes ses manœuvres enfin, le ministère vit sortir de l'urne électorale dans la généralité des départemens des noms chers à la France constitutionnelle, des noms que certains écrivains à gages cherchaient à flétrir de leurs libelles, et que le télégraphe, innocent agent de corruption, avait d'avance rayés de la liste des élus.

Ainsi les élections avaient rassuré les esprits ; la chambre donnait de grandes espérances, et elle ne nous trompa point. Fidèle à son mandat, elle se montra d'abord l'interprète de la conscience publique ; dans sa noble adresse digne d'un grand peuple et d'un loyal souverain, d'un seul mot elle peignit le pouvoir déchu : l'écho fut partout fidèle.

La marche du ministère nouveau était facile ; né de l'opinion, il ne pouvait répudier sa mère qui, dans les chambres, dans les journaux, partout et toujours, condamnait hautement cette administration d'Escobar, bigote, petite, ennemie de toute liberté, faisant de sa police haute et basse un moyen de gouvernement. L'opinion éclairée lui demandait la suppression de la censure facultative, la liberté de la presse, la clôture de ces écoles non autorisées dont l'existence était une violation des lois, et qui, instrument d'un parti, cachaient des idées de domination aussi peu favorables aux lois qu'aux peuples ; car ces humbles serviteurs de Dieu ne désirent rien tant que d'asservir les hommes; dans leur pieuse humilité, ils ne dédaignent point les jouissances mondaines, ils savent mêler l'eau du Pactole avec l'eau bénite, et changeraient volontiers l'Evangile qu'ils ne pratiquent guères, pour le grand livre du trésor, dont ils connaissent le prix.

Ce parti que l'on a nommé *parti-prêtre* (le nom importe peu), exerçait un grand pouvoir sous l'ancien ministère : il devait en être ainsi. Jamais il n'entre dans le monde politique sans y apporter la ferme volonté de régler tout ; s'il règne, c'est sans partage. Comme il n'y a qu'un pouvoir dans le Ciel, il n'en veut qu'un sur la terre : c'est le sien. Voyez s'il en use, et comment ! Etranger aux choses politiques, aux tempéramens qu'elles commandent, par mission, par état vivant pour ainsi dire loin de son siècle, il met dans les affaires l'esprit exclusif de sa religion; il ne voit que lui et les siens. Toutes ses libéralités sont réservées aux hommes qui font parade de piété, et que peut-être il croit sincères ; car le fanatisme s'aveugle aisément. Quelle nuisible influence ce parti n'avait-il pas sur les mœurs ! Que d'hypocrites n'a-t-il pas faits ! On savait que pour parvenir il fallait de la dévotion , vraie ou fausse ; tous les *dévots de places* prenaient bien vite le masque. La cagoterie pénétrait partout ; elle était partout à la mode, partout une condition essentielle d'avancement ou de faveur : aussi les ambitieux , fonctionnaires ou non , payaient leur tribut aux faux dieux du jour , et cette épidémie jésuitique gagnait jusqu'aux casernes et aux chaumières des gardes-champêtres. Ils semblaient renaître après deux cents ans , ces hommes que Molière a si bien peints dans son immortel chef-d'œuvre :

« Ces gens qui, par une âme à l'intérêt soumise,
« Font de dévotion métier et marchandise,
« Et veulent acheter crédit et dignités
« A prix de faux clins d'yeux et d'élans affectés. »

Mais à côté de ceux-là on voyait aussi des hommes sincères , vraiment religieux , de qui l'on peut dire encore avec Molière :

« Leur zèle par aucun ne leur est débattu ;
« Ce ne sont point du tout fanfarons de vertu,
« On ne voit pas chez eux ce faste insupportable,
« Et leur dévotion est humaine et traitable.
. . . .
« Point de cabale entre eux, point d'intrigues à suivre:
« On les voit pour tous soins s'occuper de bien vivre,
. . . .
« Voilà mes gens. . . . . . . »

Ne nous y trompons point en effet : la véritable piété fuit l'éclat, fait le bien, et ne demande que d'être ignorée. Douce et tolérante, elle ne crie point, ne calomnie point, n'intrigue point, ne persécute point. Elle ne prie pas les yeux attachés sur un budget, mais l'évangile à la main, et elle y voit écrits des préceptes divins de sagesse qu'elle pratique en silence, au lieu de les méconnaître en les affichant partout.

Ils voulaient du pouvoir, des dignités, de l'or, et rien que cela, ces dévots de cour, si puissans tout-à l'heure encore. Nous avions, grâce à eux, le Gouvernement représentatif de Tartuffe – Escobar. Cela ne pouvait durer. Il fallait bien mettre un terme à un état de choses dont la Religion eut souffert si elle pouvait souffrir des fautes et des passions humaines. Le ministère fit ce qu'il devait faire ; les ordonnances du 16 juin furent rendues, et la France respira.

On devinait les clameurs, la fureur, les injures du parti ; on savait que ces royalistes (les seuls purs à les entendre), traiteraient de révolutionnaire une mesure émanée des ministres du Roi et qui contrarierait leurs desseins ; on savait que les fameux mots *révolution*, 93, *persécution*, *martyrs*, sortiraient de leur bouche et de leur plume ; qu'ils dirigeraient toute leur mitraille politico-jésuitique contre les dernières élections, et contre les comités-directeurs, créateurs de toutes choses, et contre le règne du journalisme si fatal à leurs gazetiers, et surtout contre le ministère nouveau, assez audacieux pour avoir accepté les porte-feuilles de MM. Villèle, Corbière et Peyronnet, et qui osa même répudier leur héritage, se croyant assez riche de la confiance royale et de l'estime publique.

Sans s'inquiéter des menaces ni des conseils bien-veillants de leurs ennemis, les ministres actuels tra-vaillent à l'affermissement de nos institutions, faibles encore, parcequ'elles ont longtemps été ébranlées par leurs devanciers. Le bon sens leur dit qu'ils doivent suivre la voie constitutionnelle d'accord avec la Charte et la Chambre, et que toute autre voie les égarerait. Pourquoi, en effet, depuis la restauration, tant de ministères n'ont-ils eu qu'une chétive ou déplorable existence? Il est inutile d'en aller chercher les causes chez d'autres peuples et dans un autre âge; elles sont devant nos yeux; les voici :

1º Mépris de l'égalité des droits;
2º Influence d'un pouvoir illégal;
3º Défaut de fixité dans le plan du gouvernement.

L'égalité consacrée par la Charte est, avec la liberté de la presse, la condition vitale du système représen-tatif. C'est la plus précieuse des garanties pour un peuple éclairé. A ces mots *égalité*, *peuple*, *liberté*, je vois se lever en masse tous les hommes du privilège; ils feignent d'avoir peur de ces mots; et là-dessus, grande rumeur : c'est la révolution qui revient, *une*, *indivisible*, *impérissable* sans doute comme la défunte, et, comme elle, escortée de crimes, de tyrannies et d'affreuses sottises. La nouvelle venue pourtant ne res-semble pas tout-à-fait à l'autre; elle est mise aussi bien que les gens de qualité, et, au lieu de détruire les châteaux, elle en bâtit pour elle. Cela est vrai-ment épouvantable. Tout est perdu !...

Une révolution aujourd'hui !.... Une révolution.... Mais il est vrai... oui, il s'en fait une. Celle-ci, commencée en 1827, n'est point encore achevée; mais elle suit son cours. La Gazette pleure déjà tout haut ses victimes, et rit tout bas de ses larmes. Frémissez ! Les conspirateurs ne tendent à rien moins qu'à détruire les abus. Certes voilà des trames perfides, des complots abominables, d'infernales idées dignes des Robespierre et des Marat modernes. La voyez-vous, cette révolution !... Elle a pour bannière la Charte avec cette inscription séditieuse : *Royauté*, *Lois*, *Justice*, *Honneur*. Elle a pour chefs... des Ministres, pour complices... les Chambres et la France. Ah ! levez-vous, hommes de police, d'absolutisme, de tartufferie ; prenez ces armes qui naguères vous ont servi si bien dans les rues de Paris ; mettez en jeu la mitraille de calomnies que vous avez toujours en réserve ; recrutez-vous de tous les anciens héros d'antichambres ministérielles ; faites-leur une de ces harangues que vous faites si bien dans vos momens d'éloquence enragée ; écrivez sur votre drapeau : *Privilèges*, *absolutisme*, et marchez contre les barbares du 19e siècle qui osent vouloir le Roi et la Charte !

Mais laissons la vieille armée Villéliste, et revenons aux ministères qu'on a vus depuis quatorze ans un peu mieux que la révolution d'aujourd'hui. Leur chute, ai-je dit, doit être attribuée à trois causes, qui pourraient même être réduites à une seule : *égalité des droits méconnue*, ou si l'on veut *privilège*.

Et quand je parle *d'égalité*, je n'entends assurément
pas mettre sur la même ligne toutes les intelligences, la
sottise et le mérite, le vice et la vertu, la noblesse et
la bassesse du cœur; de telles idées ne peuvent sortir
que des Petites-Maisons. Sans doute il y aura toujours
une aristocratie légitime que le Gouvernement fera bien
de s'attacher, dussent les nullités ambitieuses lui
jeter feu et flamme. Cette aristocratie, ce n'est ni
celle des noms ni celle des richesses; c'est celle du
mérite, des talens; et celle-là vient de plus loin que
de nos ayeux : de la Nature. C'est la seule dont l'existence honore et fortifie le pouvoir qui la protège.
Quant aux autres privilèges, hormis ceux de la chambre
héréditaire, la France les repousse. Elle ne conçoit
pas qu'une caste, fière d'un vieux parchemin ou d'un
petit *De*, croie pouvoir revendiquer, à ce titre seul,
tous les honneurs et tous les emplois; elle sait que
le bon plaisir du hasard faisait jadis des marquis, et
que la noblesse n'est rien, si elle n'est que dans un papier vermoulu. Il faut le reconnaître: les faveurs exclu-
sives réservées pour un parti quelconque aliéneraient
au ministère l'opinion publique, qui lui dirait : Vous
froissez les intérêts généraux, vous blessez la justice,
vous violez la Charte, vous ébranlez la Monarchie.
Que si, au contraire, nobles et plébéiens, riches et
pauvres, libéraux, constitutionnels, royalistes selon la
Charte ou selon leur conscience, mais tous sincères,
honnêtes gens, aimant le Roi, désirant le servir avec
loyauté; si tous, dis-je, sont, à mérite égal, égale-

ment admis à tous les emplois, vous vous attirez à vous la force morale du pays; vous opérez la fusion des opinions diverses, et avec cela vous exercez une grande et heureuse influence sur les esprits et sur les mœurs. La carrière étant ouverte pour toutes les classes, toutes se prennent d'une noble émulation. Celui qui a sacrifié les plus belles années de sa vie à s'instruire, quelle que soit sa naissance, ne regarde plus comme stérile le fruit de ses veilles et de ses peines; fut-il pauvre, il sait que la justice du pouvoir l'accueillera comme si la fortune l'avait comblé de ses dons. Mais il sait aussi qu'avant tout il doit être honnête-homme : le Gouvernement le veut, parceque la morale le commande. En attachant ainsi l'intérêt personnel au mérite, un Gouvernement fait les citoyens tels qu'ils doivent être ; il travaille aussi pour lui-même , et des hommes longtemps ennemis finissent par s'estimer en se rapprochant ; car en politique on se hait souvent faute de se connaître. Bref le Gouvernement est juste, et c'est là gouverner.

Nous avons vu un ministère qui semblait d'abord pénétré de ce principe de justice; mais il manqua de force et de volonté dans l'application. Il craignait un parti occulte, et la crainte d'un pouvoir illégal empêche de faire ce qui ne l'est pas. Il ne sut être juste qu'à demi. Dominé par les gens du privilège auxquels il croyait son existence attachée, libéral de cœur pourtant, il mit son esprit à la torture pour gouverner entre deux opinions contraires. Constitutionnel dans ses discours, il ne l'était pas dans ses actes ; grâce à lui, une coterie eut en partage les dignités, les places, quand l'immense majorité des français n'obtenait que des phrases et des promesses. C'était assurément peu pour celle-ci ; ce n'était point assez pour celle-là, qui voulait tout, et qui même eut demandé davantage : le privilège est insatiable. Dans cette situation, le pouvoir devait finir bientôt. Après quelque tems d'un mouvement pénible, forcé, contre nature, la bascule politique s'usa ; on pensa avec raison qu'il lui fallait substituer autre chose. Des hommes jusqu'alors ennemis se donnèrent la main pour travailler ensemble à l'œuvre de destruction reconnue nécessaire ; et le ministère, harcelé, poussé, attaqué de toutes parts, tombait déjà de faiblesse, tantôt à droite, tantôt à gauche, comme son système boiteux, lorsqu'une circonstance extraordinaire vint hâter sa chûte..... Un crime horrible est commis : c'est sur lui qu'on en rejette l'horreur ; et l'ambition exploite un assassinat ! et une fois encore nous voyons remettre en problême la jouissance de nos droits ; et de nouveaux ministres vinrent ; et ils passèrent aussi, parce qu'eux aussi méconnurent les vœux du pays, le bon sens et la justice. Ainsi vous les avez vus tour-à-tour se suicider pour ainsi dire à coups de privilèges, de censure, de manœuvres illégales; ainsi passeront comme eux les ministres qui voudraient suivre leurs traces.

Mais comment donc tous ces ministres passés n'ont-ils pas compris ce qu'il fallait faire pour rester ministres ? Est-ce que la région de puissance où ils se trouvaient ôtait à leur intelligence son étendue et sa lumière? Dès que l'on est placé si haut, devient-on sourd et aveugle ? Car pour connaître nos besoins, il ne fallait que voir et qu'entendre ; l'opinion même, captive sous la censure, se montrait partout en dehors des journaux ; partout elle avait de fidèles interprètes ; mais sans doute nos hommes d'État aimaient mieux s'endormir au bruit des louanges de leurs agens *fidèles*, ou faire tout éveillés de jolis rêves d'absolutisme et de bon plaisir.

De pareils rêves ne sauraient plus se réaliser en France. L'empire même avec l'immensité de sa gloire ne nous éblouirait plus ; la France voit le despotisme où il est, tel qu'il est, et le voit en ennemi irréconciliable. En vain aussi voudrait-on gouverner avec du sentiment politique ; cela n'est plus de saison. Il y a actuellement dans l'esprit public une tendance bien prononcée pour les choses positives ; on ne s'attache plus de cœur à une bannière sans s'inquiéter du profit et des droits à retenir de la victoire. Ce sont ces droits que l'on veut, et on les veut entiers et avec défiance, parceque, souvent trompé, on conserve la crainte de l'être encore.

Ce désir de garanties, de légalité, qui est dans tous les esprits, les ministres actuels cherchent à le satisfaire. Ils ont senti que pour être forts il fallait s'appuyer sur la masse des intérêts, non sur une minime fraction du tout ; ils ont vu qu'ennemie de l'anarchie comme du despotisme et de l'arbitraire, la France voulait enfin jouir du gouvernement repré-

sentatif, qui jusques-là n'existait que dans quelques
feuillets de papier d'un Roi. Pour se maintenir donc
au poste où Charles X les a placés, il ne leur faudra
qu'un concours d'efforts, de sentiment et de volonté
de la part des fonctionnaires sous leurs ordres.

Ici se présente naturellement une grande question,
une question vitale, épineuse, délicate, qui touche à
deux sentimens d'une ombrageuse susceptibilité, l'a-
mour-propre et l'intérêt.

Le Ministre actuel pourra-t-il gouverner dans l'esprit de la Charte, s'il a pour auxiliaires des partisans du ministère Villèle ?

Ceux-ci peuvent-ils, sans danger pour l'État, conserver leurs places ?

Non... Ce seul mot semble d'abord la seule réponse
à faire ; toutefois si l'on réfléchit à la nature de
notre gouvernement, à la mobilité, à l'instabilité
réelle ou possible du pouvoir ; si l'on considère que
des fonctionnaires faibles, timides ou sans autre fortune que leur emploi, ont pu, les uns se faire une
loi d'une entière obéissance, les autres un devoir de
leur appui au ministère d'alors ; si l'on pense que le
système de ce ministère, quoique fatal au pays, a
pu néanmoins rencontrer des partisans de bonne foi
(car en politique il n'est point de système qui ne
trouve des approbateurs), si l'on observe que la liberté des opinions est consacrée ; si l'on se met enfin dans la position de tels et tels fonctionnaires
pauvres auxquels on ne laissait que l'alternative de

l'esclavage avec du pain ou de la liberté avec la misère ; si, dis-je, on pèse toutes ces considérations, la question devient autre ; on ne la résout plus d'un mot, on l'examine. Voyons donc si la mesure prise par le ministère était nécessaire, si elle est complète, et jusqu'à quel point les fonctionnaires doivent soumission à leurs chefs.

Il y a des honnêtes gens pour qui, dans un gouvernement comme le nôtre, les principes sont tout et les hommes rien. Selon eux, il suffirait d'avoir la Charte, la loyauté sur le trône, au conseil, et de bonnes lois. Le rouage de l'administration qui, partant d'en haut, communique le mouvement et la vie à la machine exécutive ; chez les agens la prévoyance qui observe, le zèle qui veille, le talent qui influe, la volonté qui agit, tout cela n'est qu'un mince accessoire pour ces politiques d'une simplicité de cœur et d'une candeur d'esprit vraiment remarquables. Ils ne sortent point de leurs principes fondamentaux, et bien qu'ils vivent dans ce tems où, malgré les grands principes, de petites manœuvres fatales au pays ont été sous leurs yeux l'ouvrage de certains petits intrigants ; quoique ces écrivains (car ils écrivent) soient de ce siècle, ils ne veulent absolument pas voir que les lois ne font pas les hommes, que les hommes au contraire font les lois ; que celles-ci, fussent-elles dictées par la sagesse même, deviennent mauvaises quand elles sont altérées, mutilées, interprétées torturées par de mauvais esprits. Beaucoup d'exemples appuyeraient ce que j'avance ; je n'en citerai qu'un. Voyez l'ancienne loi électorale ! elle était au fond à peu près ce qu'est la nouvelle, assez bonne si on l'eut exécutée loyalement. Que demandait-elle en effet pour conférer le droit de vôter ? 3o ans au moins, et au moins 3oo francs de contributions directes. Je m'adresse à toute ame honnête : Croirait-on que jamais loi pareille put faire naître de sérieuses difficultés ? Electeurs, la loi vous prévient, vous savez ce qu'il vous faut ; vous avez à produire un acte de naissance et des extraits de rôles ; rien que cela : vous le pensez du moins ; mais prenez-y garde, les détours, les formalités, les escobarderies sont là. Vous avez remis vos pièces ? à la bonne heure ; mais un commis d'ordre les perd malheureusement dans un carton, gardien innocent et officiel des droits reconnus. Vous payez le cens ? je le crois ; mais attendez !... voici venir un percepteur auquel on a promis *quelque chose* pour prix de son *zèle ;* alléché par l'espoir d'un meilleur arrondissement, il se fait l'exécuteur des hautes volontés du pouvoir ; distrait par ambition, mauvais copiste par calcul, (voyez la fatalité !) il oublie une lettre, une seule lettre de votre nom sur son extrait d'ailleurs parfaitement en règle. Une lettre omise ! un nom altéré ! irrégularité manifeste ! pièce inadmissible ! elle est rejetée, et vous n'êtes plus sur la liste. On sait bien que c'est vous qui payez l'impôt ; on en conviendra même si vous voulez entendre une naïveté, mais l'on ajoutera avec *Bridoison : la forme, électeur, la forme.* Vous voilà donc renvoyé au conseil d'Etat, qui, grâce à Dieu, reconnaît solennellement vos droits le lendemain des élections. Cette justice arrive un peu tard, mais c'est l'habitude de tout ce qui est comme il faut.

Ainsi des électeurs réels se voyaient tout-à-coup *retranchés*. Ce n'est pas tout. Si vous ajoutez aux moyens dont j'ai parlé les dégrèvemens, moyen plus adroit, plus généreux, qui vous ôtait à la fois un centime d'impôt et le plus précieux des droits politiques ; si vous ajoutez les électeurs improvisés ; et les promesses, et les menaces, et tel maire de commune amenant comme un troupeau ses machines à voix ; et les splendides repas du chef-lieu, récompense anticipée offerte à ceux qui pensaient bien et mangeaient mieux encore !.... Ah ! c'était là surtout, dans ces dîners, que l'on préparait au combat électoral les pacifiques guerriers de vôtes ; car, comme l'a dit un poète de nos jours :

« Tout s'arrange en dînant dans le siècle où nous sommes,
« Et c'est par des dîners qu'on gouverne les hommes. »

Au potage, on les flattait, on parlait de leur beau caractère, de leurs saines doctrines politiques ; à l'entremets, on cherchait à amollir leur ame ; le dessert était officiellement chargé de captiver les consciences, et dieu sait s'il remplissait bien sa mission. Voilà comme on se jouait des lois, des hommes, de tout ; comme on corrompait tout, comme on faussait tout ; comme une puissance faible en soi, n'ayant de force que par l'intrigue, parvenait à éloigner de la chambre élective les candidats du pays. Ils sont venus, il fala lait qu'ils vinssent enfin , parce que les amis de la lumière et d'une sage liberté finiront toujours par triompher des obscurans rétrogrades ; mais six mortelles années de fraudes heureuses prouvent assez que pour assurer un triomphe durable à la loyauté et à la bonne foi, ces principes ne sont pas tout ; qu'il faut encore des hommes pour les défendre, pour les maintenir, des fonctionnaires qui suivent l'impulsion constitutionnelle donnée par le Gouvernement. De là conséquemment la nécessité de renvoyer ceux qui suivraient ouvertement une autre direction ; c'est-à-dire les partisans de l'arbitraire, de la fraude, les ennemis de l'ordre légal, de la Charte.

Déjà cette question de personnes n'en était plus une, même avant l'émanation des ordonnances de novembre ; mais une autre question, née de celle-ci, se présentait en même tems : il s'agissait de savoir dans quel cercle d'épurations on se renfermerait, si, partant du haut de l'échelle administrative, on descendrait au dernier degrés ; où l'on s'arrêterait enfin.

Pour reconnaître les fonctionnaires qui, ayant méconnu leurs devoirs, pourraient compromettre la considération et la moralité de l'administration, il faut examiner quels sont les devoirs des fonctionnaires en général, soit comme tels, soit comme citoyens ; il faut voir si la liberté d'opinions, consacrée par la Charte, peut, dans tous les cas, leur être applicable.

En entrant en exercice, tout fonctionnaire fait un serment ; ce serment , le voici :

« Je jure fidélité au Roi , obéissance à la Charte constitutionnelle et aux lois du Royaume. »

Un serment n'est point un vain mot , une inutile formalité , un jeu de la conscience et de la loi. Je le crois du moins , n'en déplaise à certaines gens qui verront là sans doute une niaiserie politique; ce n'est point à eux que je m'adresse. Un serment, dis-je, lie tout homme d'honneur , et les hommes d'honneur seuls ont des titres à la confiance d'un Gouvernement pour lequel la morale est un besoin.

Or, être fidèle au Roi, est-ce à dire qu'on le sera aux ministres *quant même*? Non ; car dans ce siècle où l'on a vu tant de choses, on pourrait trouver encore des Ministres qui tromperaient au besoin le Monarque pour conserver leur porte-feuille.

Obéir à la Charte et aux lois générales du Royaume, est-ce à dire que pour l'intérêt des partisans de l'arbitraire on fera contre elle des brochures, des discours, des circulaires? Non, mille fois non. L'obéissance passive serait donc un principe d'immoralité qui ferait d'un administrateur, un ilote, un valet, et même pis que cela. Car il y a dans le valet une abjection d'état, une condition d'esclavage entre son maître et lui : mais qui oseroit placer dans la même position les fonctionnaires ? Je prévois les objections de ceux qui se sont faits à la servilité, car par malheur il y en a : ils se récrient, ils parlent de fidélité, de zèle, de dévouement; et voulant donner à leurs actes une couleur de loyauté, ils disent : Mais si les agens d'une administration jugent ainsi la légalité des mesures qu'on leur prescrit ; si, au lieu d'exécuter d'abord, ils raisonnent, que deviendra l'administration ? Comment marchera-t-elle ? Vous la verrez arrêtée par la conscience des uns, par les réflexions des autres, par les tâtonnemens de tous.

Vous demandez ce que l'administration deviendra ! mais précisement ce qu'elle doit être, consciencieuse, morale, constitutionnelle. Comment elle marchera ! Mais comme elle doit le faire, suivant les lois et l'honneur. Quoi ! un homme a dans ses mains des intérêts graves, précieux, étendus ; agent du Gouvernement, il concourt au maintien de l'ordre, à l'exécution des lois ; il a mission de rendre justice à tous, il travaille ou du moins il doit travailler au bien-être du pays, et vous ne voulez point qu'il raisonne ! et vous voulez qu'il ferme les yeux sur ce qu'on lui prescrit, sur le bien comme sur le mal, sur le juste comme sur l'injuste, sur ce qui est illégal comme sur ce qui ne l'est pas ! Un homme a juré fidélité au Roi et à la Charte, et vous demandez qu'il voie d'un œil indifférent ce qui porterait atteinte à l'un ou à l'autre.

Non, ces fonctionnaires ne sont point des esclaves qui, dans tous les cas, doivent se faire les très-humbles et très-obéissans serviteurs de leurs maîtres : ils ne doivent aux ministres obéissance, zèle et dévouement que quand ceux-ci ne leur prescrivent rien de contraire à leurs sermens, à nos institutions.

Que feront-ils sous le ministère actuel ceux qui ont suivi une autre voie ? Complaisans d'un pouvoir pour lequel déchirer la Charte était une fortune politique , se prendront-ils tout-à-coup de respect pour elle ? Faits à l'image de MM. de Villèle, Corbière et Pey-ronnet , renonceront-ils au culte des faux-dieux ? Il est difficile de le penser. Leur retour à l'ordre légal paraît même presque impossible dans leur position ac-tuelle. En effet , changer tout-à-coup en présence de la France , ce serait donner un acte de versatilité, de mensonge politique ; car ils mentiraient à leurs opi-nions ; et vainement ils viendraient parler d'ordre légal, d'institutions constitutionnelles ; on ne manquerait pas de leur opposer la conduite, le discours, la circu-laire de la veille, au discours, à la circulaire, à la conduite du jour ; si bien qu'en remplissant un devoir aujourd'hui , ils ajouteraient à leur déconsidération d'hier ; et se faire oublier, c'est-à-dire ne rien faire, de-viendrait pour eux une nécessité nouvelle, nécessité la plus triste de toutes. Voilà pourtant la situation pénible et fâcheuse de quelques hommes. Une chose étonne quand on y songe ; c'est qu'ils n'aient pas eu la pu-deur de se retirer d'eux-mêmes. Il faut que la coupe du pouvoir , quel qu'il soit , enivre bien la vanité ou que l'or soit une puissance bien grande , pour garder des emplois sous un régime et des ministres que l'on hait. Est-ce que l'on voudrait être encore *persécutés* et rester *martyrs* aux dépens du budget ?

J'entends déjà certains journaux, échos du parti Villéliste, qui destituait si bien. C'est, disent-ils, une destitution en masse que l'on demande. C'est de la persécution, de la tyrannie, de la réaction, de l'injustice. Laissez-nous donc toutes les places ; que craignez-vous ? Peuvent-elles être mieux confiées qu'à des ennemis ? Votre ordre légal n'est point du tout notre fait ; votre justice, votre modération, vos idées constitutionnelles, vous savez comment nous y sommes attachés : laissez-nous donc nos places. Destituer est un mot que nous avons en horreur depuis que la chose peut nous atteindre. Destituer, c'est du 93. Qu'en arrivant au pouvoir, nous ayons sans pitié chassé les fonctionnaires de tous les postes honorifiques et surtout lucratifs ; cela se conçoit, cela était juste , naturel, conséquent ; royalistes purs, pouvions-nous garder des amis de la Charte jurée par le Roi ? C'étaient évidemment des *révolutionnaires.* Nous les avons donc chassés tous , mais toujours avec ces égards que n'oublient jamais les hommes bien élevés : voyez plutôt la lettre de M. de Villèle à M. de Chateaubriand ! Bref , les destitutions sont la plus vilaine chose du monde ; ne destituez pas, ne destituez pas.

Rassurez-vous, messieurs du *parti-places* , une destitution générale n'est point ce que désirent les sincères amis de l'ordre ; ils savent que la force est dans la modération, et n'affaibliront point le corps politique par des secousses violentes. Les représailles de brutalité politique, d'inhumanité, d'intolérance , d'injustice , ne seront pas exercées, ni conseillées par eux ; ils mettent ailleurs le royalisme ; ils pratiquent un peu mieux les maximes de l'Évangile et de la morale , bien qu'ils ne prêchent point la religion sur les toits , et ne crient pas à la corruption du siècle ; ils pensent que les gouvernemens doivent avoir aussi leur clémence , pardonner , oublier les fautes, les erreurs d'opinions; mais que, sous peine de mort, ils ne sauraient conserver tout ce qui est fraude, improbité, en guerre ouverte avec la loyauté et la Charte, par conséquent ennemi de la Monarchie et du Prince ; ils veulent le maintien de ce qui est aujourd'hui, l'impossibilité du retour de ce qui était naguère, et ils pensent que le ministère actuel ne pouvait se dispenser de congédier au moins quelques uns de ces hauts fonctionnaires qui se sont faits si petits d'eux-mêmes, et que l'opinion publique signalait comme absolument incompatibles avec le gouvernement qui nous régit. L'opinion publique avait provoqué l'arrêt prononcé par le ministère. C'est à l'avenir à nous apprendre si l'arrêt suffit, si le jugement doit rester sans appel , s'il soustraira partout à l'influence Villèliste et jésuitique les affaires publiques de l'État. Il est certain du moins que , vivant dans son élément, le parti déplorable s'agite , intrigue, calomnie et cherche à ressaisir le pouvoir ; qu'il peut faire encore beaucoup de mal , et qu'il a conservé l'habitude de faire tout ce qu'il peut. Espérons que ce sera peine perdue, qu'il n'y gagnera que du mépris , dont pourtant il devrait se croire assez riche.

Dans l'état actuel des choses , la France a des garanties qui peuvent n'être pas entières, mais qui sont du moins de nature à tranquilliser les bons esprits et les honnêtes gens.

De certaines nuances d'opinions que le tems n'a pas effacées effraient encore quelques imaginations peureuses. Il y a, dit-on, des hommes qui regrettent le gouvernement impérial. Sans doute, comme il en est qui voudraient une république, comme il en est d'autres qui désireraient l'ancien régime. Dans un pays qui compte trente millions d'habitans, faut-il s'étonner que tous ne pensent pas de même, surtout après tant de pouvoirs divers qui ont tour-à-tour changé les fortunes ? Ces erreurs politiques s'expliquent ; souvent un sentiment puissant les produit : l'intérêt personnel ; tantôt un sentiment plus noble : la reconnaissance ; quelquefois la vanité, qui porte à penser que le bonheur des peuples est attaché aux idées qu'on s'est faites. Tel avait sous Bonaparte la perspective d'un brillant avènir ; on lui promettait des places, des dignités, des grandeurs, hochets dont l'homme s'amuse si bien dans sa vieille enfance. Un empire tombe ; il n'a plus rien... Portant alors un regard sur le passé, il le compare au présent, regrette le tems où la fortune lui souriait, oublie l'intérêt général, ne pense qu'au sien, et se plaint. C'est de l'égoïsme, mais qui n'en a point ? De son côté, le républicain, pur dans ses maximes, se complait dans ses idées ; il ne voit point que son égalité niveleuse au lieu d'une tyrannie nous en donnerait mille ; qu'aujourd'hui comme autrefois, la liberté *absolue* consacrerait le privilège du fort contre le faible, du vice contre la vertu ; il berce sa raison d'un gouvernement chimérique, impossible chez un peuple plein d'inégalités sociales, très-civilisé, et peut-être un peu égoïste. C'est de la folie, mais qui n'en a pas ? Est-ce en effet cet ancien seigneur qui, à son tour, aimerait à se revoir au milieu de ses vasseaux, commandant en souverain, jouissant de tous les privilèges attachés à ses titres ?

Voilà donc, sans compter le parti-Villèle, trois espèce d'hommes mécontens du Gouvernement, ou si vous voulez trois espèces de folies politiques. Mais qu'est-ce que cela fait au Gouvernement ? Quelles inquiétudes doit-il en concevoir ? Aucune. Ne comptons point ces fractions minimes ; elle ne sont pas de nature à arrêter le pouvoir dans sa marche vers le bien, ni à l'empêcher de réparer le mal causé par sept années du ministère hostile. Sa mission est d'affermir la monarchie constitutionnelle ; et il trouvera avec le concours des chambres les moyens de la remplir : liberté de la presse, révèlant les abus ; loi électorale épurée ; ordre légal substitué à l'arbitraire ; égalité de droits remplaçant les privilèges de fait ; encouragement aux lettres, aux sciences et aux arts, nobles ornemens des états ; appui à l'industrie vivifiante ; en deux mots, *Charte* et *Justice*, notre bien être est là : Telles sont les bases sur lesquelles doit reposer le grand édifice politique pour être désormais inébranlable. Il le sera. Déjà nos institutions se sont consolidées beaucoup depuis un an ; une loi se prépare qui les consolidera mieux encore en choisissant au sein du pays des administrateurs chargés d'en exprimer les besoins et les vœux. La loi municipale, sagement conçue, produira un bien immense dans les communes ; elle les affranchira des liens que leur avait imposés un pouvoir ombrageux, étroit, ramenant tout à lui, centralisant tout jusqu'à l'arbitraire et le despotisme administratif. Elle détruira ainsi des abus qui frappaient tous les esprits, liaient à Paris la généralité des intérêts communaux, et portaient le découragement et le dégoût dans les fonctions municipales.

Il est d'autres abus encore que le tems et l'expérience feront découvrir; le tems et l'expérience sont deux conseillers dont les ministres ne sauraient méconnaître les avis. Au reste, leur conduite présente nous offre des garanties pour l'avenir; dans leur intérêt même, comme dans celui du pays, ils feront tout pour réunir les sentimens des Français dans l'amour du Roi et de la Charte.

FIN.